MASTERING
FRENCH
VOCABULARY

This book was carefully designed following a small survey conducted among my students who are learning French as a foreign or second language. While most of them have a basic command of the French language, they often struggle to use phrases and expressions correctly. Consequently, they don't always manage to master French well enough to express themselves properly, whether verbally or in writing. In fact, they find it challenging to use a varied vocabulary to express themselves.

Another difficulty they face is that it is not always easy for them to understand the meaning of these phrases and expressions when they are described in French. Hence the idea of providing this guide with explanations/definitions in English. Additionally, it includes examples (also translated into English) to better understand the context in which these sentences and expressions are used.

I hope that you will find this guide useful and practical for better mastering French vocabulary so that you can express yourself more effectively in this language. And finally, thank you for purchasing this guide!

Ce livre a été conçu après mûre réflexion, suite à un petit sondage mené auprès de mes étudiants qui apprennent le français comme langue étrangère. La plupart d'entre eux maîtrisent la base de la langue française. Toutefois, ils ont souvent des difficultés à utiliser certaines phrases et surtout les expressions correctement. Par conséquent, ils ne parviennent pas toujours à maîtriser le français pour s'exprimer correctement, que ce soit à l'oral ou à l'écrit. En effet, ils peinent à utiliser un vocabulaire varié pour s'exprimer.

Ils sont confrontés à une autre difficulté. Il ne leur est pas toujours évident de comprendre le sens de ces phrases et expressions lorsqu'elles sont expliquées en français. D'où l'idée de proposer ce guide avec des explications et définitions en anglais. Des exemples (également traduits en anglais) sont aussi inclus pour mieux comprendre le contexte dans lequel ces phrases et expressions sont utilisées.

J'espère ainsi que vous allez trouver ce guide utile et pratique afin d'avoir une meilleure maîtrise du vocabulaire français et, ainsi, pouvoir vous exprimer plus facilement et confortablement dans cette langue.

Enfin, merci d'avoir acheté ce guide !

Radha Rangasamy / Michael Jean Louis

Marquer le coup : "mark the occasion" or "make a statement."
Pour célébrer notre dixième anniversaire de mariage, nous avons décidé de marquer le coup en organisant une fête surprise pour nos amis et notre famille.

To celebrate our tenth wedding anniversary, we have decided to mark the occasion by organizing a surprise party for our friends and family.

S'en prendre à quelqu'un : "to take it out on someone" or "to go after someone"
Bien qu'il soit frustré par la situation, il ne devrait pas s'en prendre à toi de cette manière.

Although he is frustrated with the situation, he shouldn't take it out on you in that way.

En contrepartie : "in exchange" or "as a counterpart"
Elle a accepté d'assumer des responsabilités supplémentaires au travail mais en contrepartie, elle a négocié un salaire plus élevé.

She agreed to take on additional responsibilities at work, but in exchange she negotiated a higher salary.

Pour la faire courte : "to make it short/to summarize"
Pour la faire courte, il y a eu un accident mais personne n'a été blessé.

To make it short, there was an accident but nobody was injured.

Déployer tous les moyens : "deploying all means" or "using all available resources"
Le gouvernement est prêt à déployer tous les moyens nécessaires pour assurer la sécurité des citoyens.

The government is ready to deploy all necessary means to ensure the safety of the citizens.

Dénouer les fils : "unraveling the threads" or "untangling the threads"

Malgré les difficultés, l'équipe a pu dénouer les fils et trouver une solution au problème complexe qui se posait.

Despite the difficulties, the team was able to unravel the threads and find a solution to the complex problem at hand.

Donner du fil à rétordre : "to give someone a hard time"

La nouvelle énigme, très complexe, a donné du fil à rétordre aux détectives, qui ont dû rassembler toutes leurs compétences pour résoudre le mystère.

The new complex puzzle gave the detectives a hard time as they had to gather all their skills to solve the mystery.

Remonter la trace de : "to trace back" or "to follow the trail of"

Le détective remonte la trace du voleur grâce à des indices laissés sur les lieux du crime.

The detective traces back the thief's trail through clues left on the scene of crime.

Se retrouver dans une impasse : "to find oneself in a deadlock"

Après des mois de négociations, les deux parties ne parvenaient pas à trouver un accord et se sont retrouvées dans une impasse, sans perspective de résolution.

After months of negotiations, the two parties were unable to reach an agreement and ultimately found themselves in a deadlock with no prospects for resolution.

Faire l'impasse sur : "to overlook", "to skip", or "to pass over"
Elle a décidé de faire l'impasse sur cette question délicate lors de la réunion.

She chose to skip that sensitive issue during the meeting.

Remuer le couteau dans la plaie : "twisting the knife in the wound" or "adding insult to injury"
(It is used figuratively to describe someone who intentionally aggravates or worsens a situation that is already difficult or painful for someone else.)

Bien qu'il sache que j'étais déjà triste, il a remué le couteau dans la plaie en me rappelant ma récente rupture.

Although he knew I was sad, he twisted the knife in the wound by reminding me of my recent breakup.

Or

Although he knew I was sad, he added insult to injury by reminding me of my recent breakup.

Brouiller les pistes : "red herring" or "covering up the tracks" or "muddying the waters" or "clouding the tracks" .
(It is a figurative expression used to describe the act of deliberately creating confusion or obfuscation in order to make something unclear or to divert attention from the truth or one's true intentions.)

Le suspect a utilisé plusieurs fausses identités et des itinéraires complexes afin de brouiller les pistes et d'échapper à la police.

The suspect used multiple false identities and complex routes to cover up the tracks and evade the police.

Manifester un vif intérêt pour : "to show a keen interest in" or "to display a strong interest in"
J'ai manifesté un vif intérêt pour l'astronomie depuis que j'ai vu une éclipse solaire spectaculaire.

I have shown a keen interest in astronomy ever since I witnessed a spectacular solar eclipse.

Être aux trousses de : "to be on someone's heels" or "to be hot on someone's trail"
(It is an idiomatic phrase used to describe a situation where someone is closely pursuing or chasing another person, often with the intent of capturing or apprehending him.)

La police était aux trousses du fugitif, le pourchassant sans relâche à travers la ville.

The police were on the heels of the fugitive, relentlessly chasing him through the city.

Remettre sur le tapis : "to bring up again" or "to reopen a discussion"
Bien que nous ayons déjà pris une décision, il semble que nous devions remettre cette question sur le tapis et en discuter à nouveau.

Although we have already made a decision, it seems that we need to bring this question up again and discuss it once more.

Remettre en question : "to question" or "to challenge"
Il est important de remettre en question nos croyances afin de favoriser une croissance personnelle et une compréhension plus approfondie du monde qui nous entoure.

It is important to question our beliefs in order to promote personal growth and a deeper understanding of the world around us.

Être dans le déni : "being in denial"
Malgré les preuves accablantes, il est toujours dans le déni quant à sa responsabilité dans cette affaire.

Despite the overwhelming evidence, he is still in denial about his responsibility in this matter.

Approuver d'un hochement de tête : "to approve with a nod"
Bien qu'il n'ait pas prononcé un mot, il a approuvé d'un hochement de tête lorsque j'ai proposé ma nouvelle idée.

Although he didn't say a word, he approved with a nod when I proposed my new idea.

Pointer du doigt : "to accuse, criticize, or blame someone or something"
Les médias ont tendance à pointer du doigt les politiciens lorsqu'il y a des scandales.

The media tend to blame politicians when there are scandals.

Se creuser la tête : "to rack one's brain" or "to think deeply or to ponder"
(It means making a mental effort in order to find a solution to a problem or to understand something difficult)

J'ai passé la nuit à me creuser la tête afin de résoudre ce problème de mathématiques complexe.

I spent the whole night racking my brain to solve this complex math problem.

Mettre le doigt entre l'arbre et l'écorce : "being caught in the middle"
(It is used metaphorically to describe a situation where someone involves himself or herself in a conflict or difficult situation between two parties, often without taking sides or without having a clear understanding of the situation)

J'ai préféré ne pas me mêler de leur querelle, car je ne voulais pas mettre le doigt entre l'arbre et l'écorce.

I preferred not to get involved in their quarrel because I didn't want to be caught in the middle.

Faire la moue : "to make a pout" or "to pout"
(Figuratively, it refers to a facial expression characterized by protruding or pursed lips, often indicating displeasure, dissatisfaction, or a mild form of protest)

Bien qu'il a obtenu une note élevée, il fait la moue car il s'attendait à une note parfaite.

Although he received a high grade, he pouted because he expected a perfect score.

Mettre un point d'honneur : "to make it a point" or "to attach high importance"
Bien que fatigué, il met un point d'honneur à terminer son travail avant de partir en vacances.

Although he is tired, he makes it a point to finish his work before going on vacation.

Se croire au dessus de la loi : "to think oneself above the law"
Cet homme puissant, se croyant au-dessus de la loi, agit en toute impunité, ignorant les conséquences de ses actions.

This powerful man thinks he is above the law and acts with impunity, disregarding the consequences of his actions.

Contre vents et marées : "against all odds"
Malgré les nombreux revers et obstacles, elle a poursuivi son rêve de devenir médecin contre vents et marées.

Despite numerous setbacks and obstacles, she pursued her dream of becoming a doctor against all odds

Vivre dans une bulle : "living in a (luxury) bubble"
Depuis qu'il a commencé à travailler de chez lui, il a l'impression de vivre dans une bulle, coupé du reste du monde.

Since he started working from home, he feels like he's living in a bubble, cut off from the rest of the world.

Porter des oeillères : "wearing blinkers".
(The term is used metaphorically to describe someone who is narrow-minded or not open to considering different perspectives.)

Il ne faut pas porter des oeillères et ignorer les problèmes qui se présentent.

We should not wear blinkers and ignore the problems that are arising.

Faire l'autruche : Same meaning as the English idiomatic expression to bury one's head in the sand
Pour ce qui est de ses problèmes financiers, il préfère faire l'autruche plutôt que de chercher des solutions.

When it comes to his financial problems, he prefers to bury his head in the sand rather than look for solutions.

Se passer de : "to do without" or "to manage without"
Je peux me passer de ma voiture pendant la semaine car j'utilise les transports en commun pour me rendre au travail.

I can do without my car during the week because I use public transport to go to work.

Se faire à l'idée : "to get used to the idea" or "to come to terms with something"
Après le départ de son meilleur ami, il a eu du mal à se faire à l'idée qu'il ne le verrait plus tous les jours.

After his best friend left, he had a hard time coming to terms with the idea that he wouldn't see him every day.

Au fur et à mesure : "as and when" or "gradually"
Bien que je sois occupé avec d'autres tâches, j'essaie d'avancer sur ce projet au fur et à mesure.

Although I am busy with other tasks, I am trying to make progress on this project gradually.

Avoir quelqu'un à l'usure : used to describe a situation where you win, convince or overcome someone by persistence or by wearing them down over time rather than through a single, decisive action. It's similar to the English phrase "to wear someone down,"
Après de nombreux rounds d'échecs, il a finalement réussi à avoir son adversaire à l'usure.

After numerous rounds of chess, he finally managed to wear down his opponent.

De fil en aiguille : used to describe the progression or development of something that happens gradually or step by step
De fil en aiguille, nous avons exploré divers sujets, passant des souvenirs d'enfance aux rêves les plus fous.

Step by step, we explored various topics, moving from childhood memories to wildest dreams

Prendre un malin plaisir : "to take wicked delight" or "to derive malicious pleasure"
Bien qu'il sache que c'était cruel, il prenait un malin plaisir à taquiner ses camarades de classe.

Although he knew it was cruel, he took wicked delight in teasing his classmates.

En mal de : "in want of" or "in need of"
Même si sa carrière est florissante, il se sentait toujours en mal de reconnaissance.

Although his career is flourishing, he still felt in need of recognition.

Nager dans le bonheur : used to describe a state of being completely immersed or engulfed in happiness, joy or bliss.
Même s'il a connu de nombreux défis dans la vie, il a réussi à surmonter tous les obstacles et aujourd'hui, il nage enfin dans le bonheur.

Even if he faced many challenges in life but he managed to overcome all obstacles and today, he is finally immersed in happiness.

Venir en aide à : "to help" or "the act of coming forward or reaching out to help someone in a difficult or challenging situation".
Il a rapidement répondu à l'appel et est venu en aide à son ami dans le besoin.

He quickly responded to the call and came to help his friend in need.

Compte à rebours : countdown
Le compte à rebours a commencé pour le lancement de la fusée.

The countdown has begun for the rocket launch.

Avoir les yeux rivés sur : "Eyes fixed on" or "Gazing on"
Le peintre avait les yeux rivés sur sa toile, absorbé par chaque détail de sa création.

The painter had his eyes fixed on his canvas, absorbed by every detail of his creation.

À quelques détails près : "apart from a few details"
Son résumé est presque fidèle à l'histoire réelle, à quelques détails près.

His summary is almost faithful to the real story, apart from a few details.

Heurter de plein fouet : "to crash full-on"
Le conducteur a heurté de plein fouet le mur de béton.

The driver crashed full-on into the concrete wall.

Franchir le pas : "to take the plunge" or "to cross the threshold."
Après de longues réflexions, elle a enfin décidé de franchir le pas et de démarrer sa propre entreprise.

After much contemplation, she finally decided to take the plunge and start her own business.

Brûler les étapes : "skipping stages" or "rushing things"
Il ne faut pas brûler les étapes si l'on veut obtenir un résultat solide et complet.

One should not skip stages if one wants to achieve a solid and complete result.

En être où : "to be at what stage"
Bien, nous avons discuté de notre projet la semaine dernière. Mais on en est où avec les préparatifs maintenant ?

Well, we discussed our project last week. But where do we stand with the preparations now?

En être à : "to be at the stage of"
Bien que j'aie commencé à apprendre le piano il y a des années, j'en suis toujours à jouer des morceaux simples.

Although I started learning the piano years ago, I am still at the stage of playing simple pieces.

Rebrousser chemin : going back or return
(It is a figurative expression used to indicate the act of going back the way one came, whether it is a physical path or a metaphorical decision or action.)

Parfaitement conscient de son erreur, il a décidé de rebrousser chemin et de retourner là d'où il était venu.

Fully aware of his mistake, he decided to retrace his steps and go back to where he came from.

Tomber à la renverse : "to fall over backwards" or "to be completely taken aback"
Lorsqu'elle a appris qu'elle avait remporté le concours, elle était tellement heureuse qu'elle est tombée à la renverse.

When she learned that she had won the contest, she fell over backwards with joy.

En piteux état : "in a horrible state" or "in a pitiful condition."
La voiture accidentée était en piteux état, avec des vitres brisées, une carrosserie tordue et un moteur fumant.

The crashed car was in a horrible state, with broken windows, a twisted body and a smoking engine.

Se rendre compte de : "to realize" or "to become aware of"
Il a réfléchi pendant un moment, puis s'est rendu compte de son erreur.

He thought for a moment, then realized his mistake.

Tenir compte de : "taking into account" or "consider"
Pour prendre une décision éclairée, il est essentiel de tenir compte des opinions et des besoins de chacun.

To make an informed decision, it is essential to take into account everyone's opinions and needs.

Faire défaut : "to default" or "to be in default"
(In English, it refers to the failure to fulfill an obligation or a promise.)

Le paiement de la facture a été retardé, ce qui a fait défaut à notre accord commercial.

The payment of the invoice was delayed, which resulted in a default on our business agreement.

Ne piper mot sur : "to not say a word about" or "to keep silent about"
Bien que j'aie été témoin de l'incident, je n'ai pipé mot sur ce qui s'est réellement passé.

Although I witnessed the incident, I didn't say a word about what really happened.

Sans retenue : "without restraint" or "without holding back"
Il danse sur la scène, exprimant ses émotions sans aucune retenue.

He dances on stage, expressing his emotions without any restraint.

Mettre à pied : "to lay off"
L'entreprise a décidé de mettre à pied plusieurs employés en raison d'une réduction d'effectifs malgré leurs nombreuses années de service,

The company decided to lay off several employees due to a reduction in workforce despite they have many years of service.

Mise sur pied : "set up" or "establish"
Nous devons procéder à la mise sur pied d'une nouvelle entreprise afin de développer nos activités à l'étranger.

We need to proceed with the establishment of a new company in order to expand our operations abroad.

À tout bout de champ : "at every turn" or "at every opportunity"
Les publicités apparaissent à tout bout de champ lorsque je navigue sur Internet.

The advertisements appear at every turn when I browse the Internet

Aux abords de : "in the vicinity of" or "in the surroundings of"
Bienvenue à notre hôtel, situé aux abords de la magnifique plage de sable blanc.

Welcome to our hotel located in the vicinity of the beautiful white sandy beach.

Démarrer sur les chapeaux de roue : "cracking start" or "in a high gear"
(Used to describe someone or something that starts off with great energy, enthusiasm, or at a very fast pace.)

L'équipe a démarré sur les chapeaux de roue en marquant trois buts dans les premières cinq minutes du match.

The team kicked off in a high gear by scoring three goals within the first five minutes of the match.

Taper du poing sur la table : "bang your fists on the table"
Son personnel ne suivant plus ses instructions, il n'a eu d'autre choix que de taper du poing sur la table pour que le projet se réalise.

His staff no longer followed his instructions, so he had no choice but to bang his fist on the table to make the project happen.

En voie de disparition : "endangered"
Les lois protègent les espèces en voie de disparition.

The laws protect endangered species.

Vaine tentative : "vain attempt"
Après une vaine tentative de décrocher son certificat, elle a abandonné ses études.

After a vain attempt to obtain a certificate, she gave up her studies.

Histoire de : "so that/so as to"
Marie fait tout ce que son chef lui demande, histoire de préserver son poste

Marie is doing whatever her boss is asking her to do, so as to maintain her job

Emboîter le pas à : "to do the same thing", "to follow someone's footsteps"
Le frère de Paul a décidé de lui emboîter le pas et de poursuivre ses études en informatique.

Paul's brother has decided to follow in his footsteps and pursue his studies in computer science.

Tendre la main à : "To help someone"

Il faut toujours tendre la main aux nécessiteux

We should always help the needy

Avoir le coeur sur la main : "to be very generous"

L'enseignante est connue pour avoir le coeur sur la main.

The teacher is known for being very generous.

À portée de main : "handy"

Elle garde toujours son portable à portée de main.

She always keeps her mobile phone handy.

Mettre fin à : "To put a stop to"

Giselle a voulu mettre fin au conflit.

Giselle wanted to put a stop to the conflict.

Mettre fin à ses jours : "to put an end to one's life"

Sam a décidé de mettre fin à ses jours parce qu'il souffrait trop.

Sam decided to put an end to his life because he was suffering too much.

Être en cours : to be in progress

La procédure de recrutement est en cours.

The recruitment process is in progress.

Être à court de : to be short of something/to run low on something/ to run out of something

Mélinda ne veut pas sortir parce qu'elle est à court d'argent.

Melinda does not want to go out because she is running out of money.

À même le sol : on the ground/floor

Rihana a tellement chaud qu'elle dort à même le sol.

Rihana is feeling so hot that she is sleeping on the floor.

Une course contre la montre : a race against time

Combattre cette épidémie est une course contre la montre.

Fighting this epidemic is a race against time

Faire école : set a precedent, create a precedent

Les jeunes veulent adopter le style du célèbre chanteur, qui fait donc école.

The youngsters want to adopt the famous singer's style who is thus setting a precedent.

Cela va de soi/il va de soi : obviously

Patricia est très amie avec Robert. Il va se soi qu'il sera invité à son anniversaire.

Patricia is friend with Robert. Obviously, he will be invited to her birthday.

Ce n'est pas donné : it's expensive/it's not easy

Je suis allé au restaurant hier soir et j'ai commandé le plat du chef. C'était délicieux, mais ce n'était pas donné.

I went to the restaurant last night and ordered the chef's special. It was delicious, but it was not cheap.

J'essaie d'apprendre à jouer du piano, mais ce n'est pas donné, il faut beaucoup de pratique et de patience.

I am trying to learn to play piano, but it's not easy, it requires a lot of practice and patience.

Être au fait de : to be aware/informed of
La police est au fait de ce qui a causé les émeutes d'hier

The police are aware of the causes of yesterday's riots

Empreint de : marked by/imbued with/filled with
Son discours était empreint de sagesse et d'émotion.

His speech was filled with wisdom and emotion.

Haleine de clébard : "dog's breath" or "bad breath"
Malgré ses efforts pour se brosser les dents, il dégageait toujours de lui une haleine de clébard.

Despite his efforts to brush his teeth, he still has bad breath

Faire signe à : "to signal to", "to beckon"
J'ai vu mon ami à l'autre bout de la rue, alors je lui ai fait signe de me rejoindre.

I saw my friend at the other end of the street, so I signaled to him to join me.

À la va-vite : in a hurry/hastily
J'ai préparé un repas à la va-vite avant de partir précipitamment.

I prepared a meal quickly before leaving in a hurry.

Être au bout du gouffre : to be on the edge of the abyss

Après avoir perdu son emploi, ses économies et sa famille, il avait l'impression d'être au bout du gouffre.

After losing his job, his savings and his family, he felt like he was at the end of the abyss.

Laisser à désirer : something or someone that is unsatisfactory, disappointing, or lacking in some way.

La qualité de ce service laisse vraiment à désirer.

The quality of this service is very disappointing

Repasser en boucle : looping/running in a loop

J'ai repassé la chanson en boucle toute la journée.

I looped the song all day long.

Être en retrait : take a backseat/being in a position of relative distance, withdrawal or reduced involvement

L'ancien maire a préféré se mettre en retrait de la politique après sa dernière défaite

The former mayor took a backseat with politics after his latest defeat

Être à la retraite : to be retired

Mon père est à la retraite depuis cinq ans et profite pleinement de son temps libre.

My father has retired since five years and is fully enjoying his free time.

À grand renfort de : with a great deal of

Ils ont organisé une fête somptueuse à grand renfort de décorations, de musique et de nourriture.

They organized a lavish party with a great deal of decorations, music and food.

Il n'y a pas photo : "There's no comparison" or "No doubt about it"

Il n'y a pas photo, il est le meilleur joueur de l'équipe.

There's no doubt about it, he is the best player on the team.

Être à la dérive : "to be adrift" or "to be drifting"

Autrefois un grand leader, il est maintenant à la dérive, cherchant désespérément un nouveau sens à sa vie.

Once a great leader, he is now adrift, desperately seeking a new meaning in his life.

Subvenir aux besoins de : "to meet the needs of" or "to provide for the needs of"

Bien qu'il travaille dur, il lutte pour subvenir aux besoins de sa famille nombreuse.

Even though he works hard, he struggles to meet the needs of his large family.

S'en prendre à quelqu'un : to attack/blame someone

Il ne doit pas s'en prendre à moi pour la mauvaise journée qu'il a passée

He should not blame me because he has had a bad day

Proférer des menaces : to utter threats
Le suspect a été arrêté pour avoir proféré des menaces de violence à l'encontre de son voisin.

The suspect was arrested for uttering threats of violence against his neighbour.

Faire pencher la balance : to tip the scales
Bien que les deux candidats soient qualifiés, c'est son expérience professionnelle exceptionnelle qui a fait pencher la balance en sa faveur.

Although both candidates are qualified, it was his exceptional professional experience that tipped the scales in his favor.

Mettre en oeuvre : to implement or to put into action
Nous devons mettre en œuvre une stratégie efficace pour améliorer la productivité de l'entreprise.

We must implement an effective strategy to improve the productivity of the company.

Être dans les bouchons : "being stuck in traffic" or "being in a traffic jam"
Je suis en retard au travail parce que je suis coincé dans les bouchons.

I am late for work because I am stuck in traffic.

Surgir de nulle part : "to appear out of nowhere" (It is also often used figuratively to express surprise or astonishment at the sudden appearance or occurrence of something)
Lors de notre promenade nocturne, une étrange silhouette a surgi de nulle part, nous plongeant dans l'étonnement le plus total.

During our evening walk, a strange silhouette appeared out of nowhere, plunging us into complete astonishment.

Son succès professionnel a semblé surgir de nulle part car personne ne s'attendait à ce qu'il atteigne de tels sommets en si peu de temps.

His professional success seemed to come out of nowhere as no one expected him to reach such heights in such a short time.

Flambant neuf : brand new
J'ai acheté une voiture flambant neuf (ou flambant neuve) hier.

I bought a brand new car yesterday.

Prendre quelqu'un la main dans le sac : to catch someone red-handed
Les parents ont découvert leur enfant en train de manger des bonbons avant le dîner... ils l'ont pris la main dans le sac.

The parents caught their child eating candies before dinner, thus catching him red-handed.

À longueur de journée : "all day long" or "throughout the day"
Je travaille sur ce projet à longueur de journée, du matin jusqu'au soir.

I work on this project throughout the day, from morning until evening.

Prendre quelqu'un pour acquis : To take someone for granted
Il est important de ne pas prendre les gens qui nous entourent pour acquis.

It is important not to take the people around us for granted.

Fournir ses coordonnées : provide one's contact information
Bienvenue sur notre site web. Pour finaliser votre inscription, veuillez fournir vos coordonnées complètes, y compris votre nom, adresse et numéro de téléphone.

Welcome to our website. To complete your registration, please provide your full contact information, including your name, address, and phone number.

Aux alentours de : "around" (if it concerns time) or "in the vicinity of" (if it concern place)
Nous avons prévu de visiter plusieurs villages aux alentours.

We have planned to visit several villages in the vicinity.

Nous prévoyons de rentrer aux alentours de minuit.

We think we'll be back around midnight

Regagner sa voiture : get back to one's car
Après avoir fait mes courses, j'ai regagné ma voiture pour rentrer chez moi.

After shopping, I returned to my car to go back home.

Habiter dans un rayon de : to live within a radius of
Bien que j'adore la nature, il est essentiel pour moi d'habiter dans un rayon de dix kilomètres de mon lieu de travail pour éviter les longs trajets quotidiens.

Although I love nature, it is essential for me to live within a radius of ten kilometers from my workplace to avoid long daily commutes.

Dans la mesure du possible : "to the extent" or "as far as possible"
Bien que nous soyons confrontés à des contraintes de temps, nous nous efforcerons d'organiser une réunion dans la mesure du possible.

Although we are faced with time constraints, we will strive to arrange a meeting to the extent possible.

Atteindre ses objectifs : achieving one's goals
Même s'il a rencontré de nombreux défis en cours de route, il a finalement réussi à atteindre ses objectifs avec détermination et persévérance.

Although he faced numerous challenges along the way, he ultimately succeeded in achieving his goals with determination and perseverance.

Sans mot dire : without saying a word
Sans mot dire, il a tendrement caressé sa joue, révélant ainsi toute son affection.

Without saying a word, he tenderly caressed her cheek, revealing all his affection.

Faire sortir/enlever quelqu'un de ses pensées : to get someone out of one's thoughts
Marie est si préoccupée par ses problèmes que son ami n'a rien trouvé de mieux que de lui proposer une sortie au parc afin de la faire sortir de ses pensées

Marie is so preoccupied with her problems that her friend has found no alternative that suggest a trip to get her out of her thoughts.

Sortir de sa torpeur : to emerge from one's torpor (the phrase is figurative and refers to breaking free from a state of apathy, lethargy, or inactivity)

Après avoir vécu une période de stagnation, elle décide de sortir de sa torpeur et de poursuivre activement ses passions et ses rêves.

After experiencing a period of stagnation, she decides to emerge from her torpor and actively pursue her passions and dreams.

Lâcher les amarres : "cast off" or "let go of the moorings"

(Metaphorically, "lâcher les amarres" can also be used in a broader sense to mean letting go, setting oneself free or embarking on a new adventure or journey. It implies a sense of freeing oneself from constraints, taking risks and embracing change)

Bien que la décision fût difficile, elle a décidé de lâcher les amarres et de partir à l'aventure.

Although the decision was difficult, she decided to cast off and embark on an adventure.

faire l'affaire : "to do the trick" or "to be suitable."

Cette robe fera l'affaire pour la soirée, même si ce n'est pas exactement ce que je cherchais.

This dress will do the trick (will be suitable) for the evening, even if it's not exactly what I was looking for.

Régner en maître : reign supreme

(The phrase suggests a position of power and the ability to exercise one's will with little or no opposition.)

Le dictateur impitoyable n'avait aucune intention de partager le pouvoir ; il visait à régner en maître sur la population opprimée.

The ruthless dictator had no intention of sharing power; he aimed to reign supreme over the oppressed population.

Proférer des menaces : "to utter threats"
Le suspect a été arrêté pour avoir proféré des menaces de mort à l'encontre de son voisin.

The suspect was arrested for uttering death threats against his neighbor.

Redorer le blason : In a figurative sense, it means to restore or improve someone's reputation or image.
Après les récentes controverses, l'équipe de football a réussi à redorer son blason en remportant le championnat.

After the recent controversies, the football team managed to restore it's reputation by winning the championship.

Donner le change : "to throw someone off" or "to mislead someone."
Il semblait honnête, mais il a réussi à me donner le change en dissimulant ses véritables intentions.

He seemed honest, but he managed to mislead me by concealing his true intentions.

Être dans la ligne de mire : Figuratively, it can refer to being the target of criticism, scrutiny, or even physical harm, depending on the specific context in which it is used.
La réforme suscite de vives critiques, mais le ministre se sent en sécurité malgré le fait d'être dans la ligne de mire des médias.

The reform is generating strong criticism, but the minister feels safe despite being in the line of fire of the media.

Dresser une barrière entre : "to put up a barrier between" in English.
(It refers to the act of creating a division or obstacle between two or more entities, whether physical, metaphorical or abstract.)

Mon voisin a décidé de dresser une barrière entre nos jardins malgré leur proximité.

My neighbor decided to put up a barrier between our gardens despite their proximity.

C'est mieux pour les parents de ne pas dresser de barrières avec leurs enfants pour que ces derniers puissent se confier à eux.

It's best for parents not to establish any barrier with their children so that the latter may confide with them.

Le cadet de ses soucis : "the least of one's worries" or "the smallest of one's concerns"
Le choix de ma tenue pour ce soir est le cadet de mes soucis, car je dois encore terminer ce projet urgent.

The choice of my outfit for tonight is the least of my worries, as I still have to finish this urgent project.

Mettre du baume au coeur à : "to bring comfort/relief/joy to someone's heart"
La visite surprise de ses proches lui a mis du baume au cœur après la perte de son emploi.

The surprise visit from his family really brought comfort to his heart after the loss of his job.

Mettre du sien : "to make an effort" or "to put in one's best effort."

Bien que le projet soit complexe, il a réussi à le mener à bien en mettant du sien à chaque étape.

Although the project was complex, he managed to carry it out by putting in his best effort at every stage.

S'en tenir à : "to stick to" or "to adhere to"
Je préfère m'en tenir à mes convictions et ne pas compromettre mes valeurs.

I prefer to stick to my beliefs and not compromise my values.

Rafler la mise : "to take all the winnings" or "to sweep the pot"
Après des heures de jeu intense, il a finalement raflé la mise pour repartir avec une forte somme d'argent.

After hours of intense play, he finally managed to sweep the pot and walk away with a huge sum of money.

Faire profil bas : "to keep a low profile" or "to adopt a humble attitude"
Elle choisit de faire profil bas malgré son succès, évitant ainsi tout étalage ostentatoire de sa réussite.

She chose to keep a low profile despite her success, thus avoiding any ostentatious display of her achievement.

Ça vaut le détour : "It's worth a visit" or "It's worth checking out"
La vue depuis le sommet de cette montagne vaut le détour.

The view from the top of this mountain is well worth a visit.

Nulle part ailleurs : "nowhere else"

La beauté de ce paysage est unique, on ne la trouve nulle part ailleurs.

The beauty of this landscape is unique, it can't be found anywhere else

Accuser le coup : "to feel the impact" or "to feel the blow"

Il a essayé de paraître calme, mais il a finalement accusé le coup lorsque la vérité a été révélée.

He tried to appear calm, but he finally felt the impact when the truth was revealed.

Rester figé : to "remain frozen" or "stay still"

Il a entendu un bruit étrange, mais il est resté figé, incapable de faire le moindre mouvement.

He heard a strange noise, but he remained frozen, unable to make any movement.

Éplucher les dossiers : "to scrutinize the documents."

L'avocat a passé des heures à éplucher les dossiers afin de trouver des preuves cruciales dans cette affaire complexe.

The lawyer spent hours combing through the files in order to find crucial evidence in this complex case.

Viser en plein dans le mille : "hitting the bullseye" or "hitting the target dead center"

Malgré les obstacles, l'équipe a travaillé ensemble avec détermination et a réussi à viser en plein dans le mille, atteignant ainsi leur objectif.

Despite the obstacles, the team worked together with determination and managed to hit the bullseye, thus achieving their goal.

Lâcher prise : "letting go"
Pour trouver la sérénité, il faut apprendre à lâcher prise.

To find serenity, one must learn to let go.

Marcher sur les traces de : "to follow in the footsteps of"
Je souhaite marcher sur les traces de mon père et devenir un grand médecin.

I wish to follow in my father's footsteps and become a great doctor.

Jeter en pâture : "to throw as prey" or "to throw to the wolves"
Il a commis une petite erreur et ils l'ont jeté en pâture, permettant ainsi aux médias et au public de le critiquer de manière impitoyable.

He made a small mistake, and they threw him to the wolves, allowing the media and the public to criticize him mercilessly.

Faire le tri : "to sort out" or "to do the sorting"
Ma chambre étant en désordre, je dois prendre le temps de faire le tri et de ranger mes affaires.

My room is messy, I have to take the time to sort things out and organize my belongings.

Au gré de : "drifting to"
Au gré de la brise légère, les feuilles dansaient dans le jardin.

Drifting to the gentle breeze, the leaves danced in the garden.

Couper les ponts : "cutting ties".
(It is a figurative phrase used to describe the act of severing ties or cutting off all contact with someone or something.)

J'ai décidé de couper les ponts avec toute personne toxique.

I have decided to cut ties with every toxic person.

Faire l'éloge de : "to praise"
Je souhaite faire l'éloge de mon ami pour son dévouement constant envers la communauté.

I wish to praise my friend for his constant dedication to the community.

Avoir le beurre et l'argent du beurre : "have the cake and eat it too"
(Used to describe a situation where someone wants to have it both ways or expects to enjoy all the benefits without any drawbacks or compromises. It implies the desire to possess or benefit from two contradictory things simultaneously)

Elle veut partir en vacances pendant un mois tout en gardant son emploi et son salaire, elle veut avoir le beurre et l'argent du beurre.

She wants to go on vacation for a month while keeping her job and salary, she wants to have the cake and eat it too.

Avoir pignon sur rue : Figuratively, it means to have a well-established and respected presence in a particular field or industry.
Ce restaurant réputé a pignon sur rue depuis des décennies.

This renowned restaurant is well-established since decades.

Faire pâle figure : "to cut a sorry figure."
Lors de la compétition, mon équipe a fait pâle figure face à des adversaires beaucoup plus expérimentés.

During the competition, my team cut a sorry figure compared to much more experienced opponents.

Passer au crible : "to scrutinize" or "to examine closely."
Les candidats seront passés au crible lors du processus de sélection afin d'avoir le meilleur pour le poste.

The candidates will be scrutinized during the selection process to find the best candidate for the position.

criblé de dettes : "burdened with debts" or "riddled with debts."
L'entreprise est actuellement criblée de dettes, luttant pour survivre financièrement.

The company is currently burdened with debts, struggling to survive financially.

Garde à vue : "custody" or "detention"
Après avoir été suspecté de vol à main armée, il a été placé en garde à vue afin de permettre aux enquêteurs de recueillir des preuves supplémentaires.

After being suspected of armed robbery, he was placed in police custody to allow investigators to gather additional evidence.

En tout genre : "of all kinds"
Bienvenue dans notre magasin de musique où vous trouverez des instruments en tout genre, des guitares électriques aux pianos à queue.

Welcome to our music store where you will find instruments of all kinds, from electric guitars to grand pianos.

Mettre au rencart : "to put in the scrapyard" or "to retire."
(It is often used metaphorically to refer to removing or replacing something or someone, especially when they are considered outdated, no longer useful or past their prime)

Il a été fiable depuis de nombreuses années. Mais il est temps de mettre le vieil ordinateur au rencart et d'investir dans une nouvelle technologie plus performante.

It has been reliable for many years. But, it is now time to put the old computer in the scrapyard and invest in a new and more efficient technology.

Avoir lieu : to take place
La réunion aura lieu demain matin à 9 heures.

The meeting will take place tomorrow morning at 9 o'clock.

Sur la pointe des pieds : "on tiptoe"
(This phrase can also be used metaphorically to convey a sense of caution, discretion, or sensitivity in one's actions or approach to a situation.)

Elle est entrée dans la chambre sur la pointe des pieds pour ne pas réveiller sa sœur.

She entered the room on tiptoe so as not to wake up her sister.

Le chef d'entreprise a abordé le sujet délicat sur la pointe des pieds afin de ne pas créer de tension dans l'équipe.

The CEO approached the sensitive topic on tiptoe so as not to create tension within the team.

Prendre ses quartiers : "to settle in" or "to take up one's quarters."
Bienvenue dans notre entreprise ! Prenez vos quartiers et familiarisez-vous avec votre nouvel environnement de travail.

Welcome to our company! Settle in and get acquainted with your new work environment.

En passant : by the way
En passant, j'ai rencontré mon ami dans la rue.

By the way, I met my friend in the street.

Prendre le large : to set sail or "to take to the open sea"
(It is often used metaphorically to describe someone who is leaving or escaping from their current situation or environment to embark on a new adventure, to gain independence or to take a break from their usual routine. It can imply a desire for freedom, exploration, and a fresh start)

Bien décidé à changer de vie, il a décidé de tout abandonner et de prendre le large.

Determined to change his life, he decided to leave everything behind and set sail.

Élire domicile : "choose a place of residence" or "establish residency."
Je vais élire domicile dans cette charmante ville pittoresque.

I will establish residency in this charming picturesque town.

S'apitoyer sur son sort : "to feel sorry for oneself" or "to indulge in self-pity."
Il est important de ne pas s'appitoyer sur son sort et de chercher des solutions pour avancer, même lorsque la vie est difficile.

It is important not to feel sorry for oneself and to seek solutions to move forward, even when life is difficult.

Coups bas : "dirty tricks" or "underhanded tactics"
Le politicien a utilisé des coups bas pour discréditer ses rivaux et gagner l'élection.

The politician used dirty tricks to discredit his rivals and win the election.

Faire la nuance : distinguish, "make the distinction" or "make a distinction."
Pour bien comprendre ce débat complexe, il est essentiel de faire la nuance entre les différentes facettes de la question.

To truly understand this complex debate, it is essential to make the distinction between the different aspects of the issue.

N'avoir rien à voir : "to have nothing to do with" or "to be unrelated to"
Ce livre n'a rien à voir avec le sujet dont nous discutons.

his book has nothing to do with the subject we are discussing.

Combler le vide : "filling the void"
Après sa séparation, elle cherchait désespérément à combler le vide dans sa vie en se lançant dans de nouvelles aventures.

After her breakup, she was desperately seeking to fill the void in her life by embarking on new adventures.

Se retrousser les manches : "roll up one's sleeves"
(It is a metaphorical expression that refers to preparing oneself for hard work or getting ready to face a challenge)

Pour réussir, il est nécessaire de se retrousser les manches et travailler ensemble sur ce projet complexe.

To succeed, it is necessary to roll up our sleeves and work together on this complex project.

Faire le rapprochement : "making a connection" or "drawing a comparison"
En faisant le rapprochement entre les deux œuvres, on peut remarquer des similitudes frappantes au niveau de la thématique et du style artistique.

When making the connection between the two works, one can notice striking similarities in terms of theme and artistic style.

Se la couler douce : "to take it easy" or "to have an easy life."
Après une semaine de travail intense, j'ai décidé de me la couler douce en passant la journée à la plage.

After a week of intense work, I decided to take it easy by spending the day at the beach.

Le patron se la coule douce alors que son entreprise fait faillite.

The boss is taking it easy while his company is going bankrupt.

À peine : "barely" or "hardly"
Elle était tellement excitée qu'elle pouvait à peine contenir sa joie.

She was so excited that she could barely contain her joy.

Être/Se retrouver en eaux troubles : "to be in troubled waters"
(This phrase is used metaphorically to describe a situation or a person who is facing difficulties, challenges, or uncertainty.)

Après la révélation du scandale financier, l'entreprise se retrouve désormais en eaux troubles.

After the revelation of the financial scandal, the company is now in troubled waters.

Sans encombre : "without difficulty" or "smoothly"
La réunion s'est déroulée sans encombre et toutes les décisions ont été prises rapidement.

The meeting went smoothly, and all decisions were made promptly.

Au mieux....au pire : "at best...at worst"
(It is used to describe a range of possibilities or outcomes, typically indicating the best and worst-case scenarios)

Au mieux, nous réussirons à attraper le dernier train. Au pire, nous devrons prendre un taxi pour rentrer chez nous.

At best, we'll manage to catch the last train. At worst, we'll have to take a taxi to get back home.

Être sur la même longueur d'onde : "Being on the same wavelength"
Nous travaillons efficacement ensemble parce que nous sommes toujours sur la même longueur d'onde."

We work efficiently together because we are always on the same wavelength.

En vouloir à : "to be angry with," "to hold a grudge against" or "to bear a grudge against"
Bruno en veut à son ami pour avoir trahi sa confiance.

Bruno holds a grudge against his friend for betraying his trust.

Perdre de sa prestance : "lose one's presence" or "lose one's dignity"
Depuis qu'il a perdu son emploi, il a peu à peu perdu de sa prestance et de sa confiance en lui.

Since he lost his job, he has gradually lost his presence and self-confidence.

Être à la portée de : "to be within reach of" or "to be accessible to"
Les connaissances nécessaires pour réussir sont à la portée de ceux qui s'investissent dans leur apprentissage.

The knowledge needed to succeed is within reach of those who invest in their learning.

La portée de : "the scope of" or "the extent of"
La portée de cette décision est considérable pour l'avenir de l'entreprise.

The scope of this decision is significant for the future of the company.

Prendre le dessus : "to gain the upper hand" or "to prevail.
L'équipe de football a réussi à prendre le dessus sur ses rivaux et remporter la victoire.

The football team managed to gain the upper hand over its rivals and achieve victory.

Prendre pour acquis : "to take for granted"
Ne prends pas notre amitié pour acquise, elle mérite d'être chérie et entretenue.

Do not take our friendship for granted, it deserves to be cherished and nurtured.

Tourner autour du pot : "beating around the bush"
Pendant la réunion, Jean a continué de tourner autour du pot en abordant des sujets hors sujet et en évitant le point principal de la discussion.

During the meeting, John kept beating around the bush by bringing up irrelevant topics and avoiding the main point of discussion.

En matière de : "in terms of" or "regarding"
En matière de cuisine, la gastronomie française est réputée pour sa diversité et son raffinement.

In terms of cuisine, French gastronomy is renowned for its diversity and refinement.

Avoir hâte de : "to look forward to" or "to be excited about"
Aujourd'hui, j'ai hâte de commencer mon nouveau travail.

Today, I'm excited to start my new job

Manger à sa faim : "eating to one's fill" or "eating until satisfied"
Après une longue journée de travail, j'ai enfin pu manger à ma faim et me sentir rassasié.

After a long day of work, I was finally able to eat to my fill and feel satisfied.

Régler ses comptes avec : "to settle accounts with"
(It refers to resolving conflicts, disputes, or issues with someone, typically by confronting them or seeking retribution for past grievances or wrongdoings.)

Je vais régler mes comptes avec lui une bonne fois pour toutes.

I'm going to settle my accounts with him once and for all.

Avoir du peps : is often used colloquially to describe someone or something as energetic, lively or full of vitality. It implies having a lot of energy, enthusiasm, or vigor.
Christine a toujours du peps et sa présence illumine chaque pièce.

Christine is always enthusiastic and her presence lights up every room.

Être de retour : to be back
Je suis tellement content d'être enfin de retour chez moi après mon long voyage.

I am so happy to finally be back home after my long trip

Ne pas y arriver : "not being able to do it" or "not succeeding."
Elle essaie à chaque fois de faire cette recette mais elle n'y arrive toujours pas.

She tries every time to make this recipe, but she still can't succeed.

Faire chanter quelqu'un : "to blackmail someone"
Il a trouvé des photos compromettantes et a décidé de faire chanter son collègue pour obtenir une promotion.

He found compromising photos and decided to blackmail his colleague in order to get a promotion.

Dans les parages : "in the vicinity" or "in the neighborhood"
Je me promenais dans les parages lorsque j'ai aperçu un café charmant.

I was walking around in the vicinity when I spotted a charming café.

À deux pas de : "a stone's throw from" or "just a few steps from"
Le café se trouve à deux pas de la gare.

The café is located just a stone's throw from the train station.

Être en lieu sûr : "to be in a safe place"
Après l'évacuation, les résidents ont enfin pu se sentir en lieu sûr.

After the evacuation, the residents were finally able to feel safe.

S'y connaître : "to know" or "to be knowledgeable in"
Je m'y connais bien en cuisine française, surtout quand il s'agit de préparer des plats traditionnels comme le coq au vin.

I know a lot about French cuisine, especially when it comes to preparing traditional dishes like coq au vin.

Selon toute vraisemblance : "in all likelihood"
Selon toute vraisemblance, il pleuvra demain, donc c'est préférable de prendre un parapluie.

In to all likelihood, it will rain tomorrow, so you better take an umbrella.

Dans un souci de transparence : in the name of transparency
Dans un souci de transparence, nous avons publié tous les détails financiers de notre entreprise.

In the name of transparency, we have published all the financial details of our company.

Sous peu : "shortly" or "soon"
Sous peu, nous recevrons les résultats de l'examen.

Soon, we will receive the results of the exam.

Prendre conscience de : "to become aware of" or "to realize."
J'ai pris conscience de l'importance de la santé mentale dans ma vie.

I have become aware of the importance of mental health in my life.

Afficher un air satisfait : "to display a satisfied expression" Après avoir réussi l'examen, il affichait un air satisfait et un sourire radieux sur son visage.
After passing the exam, he displayed a satisfied expression and a radiant smile on his face.

D'une manière ou d'une autre : "in one way or another" or "somehow"
D'une manière ou d'une autre, nous trouverons une solution à ce problème.

In one way or another, we will find a solution to this problem.

D'une main de fer : "with an iron fist"
D'une main de fer, le dirigeant a imposé sa volonté sur l'entreprise, éliminant toute opposition.

With an iron fist, the leader imposed his will on the company, eliminating any opposition.

Être à l'affût de : "to be on the lookout for" or "to be vigilant about."
Je suis toujours à l'affût des nouvelles opportunités professionnelles.

I am always on the lookout for new professional opportunities.

Être au courant de : "to be aware of" or "to be informed about"
Je suis au courant de la réunion prévue demain matin.

I am aware of the meeting scheduled for tomorrow morning.

Mettre au courant : "to inform" or "to bring up to date
Je vais mettre mon ami au courant des derniers développements concernant projet.

I am going to inform my friend about the latest developments about the project.

Gagner du temps : "to save time"
J'ai beaucoup de tâches à accomplir, donc je dois trouver un moyen de gagner du temps pour tout terminer.

I have a lot of tasks to accomplish, so I need to find a way to save time to finish everything.

Faire la part des choses : "to make a distinction" or "to separate things properly."
Face à cette décision complexe, il est primordial de faire la part des choses en évaluant attentivement les avantages et les inconvénients de chaque option.

Faced with this complex decision, it is crucial to make a distinction by carefully evaluating the advantages and disadvantages of each option.

En avoir après : "to have it in for someone" or "to be after someone"
(It conveys the idea of holding a grudge or having a negative attitude towards someone, often accompanied by a desire to harm or seek revenge against them.)

J'ai l'impression qu'il en a après moi depuis notre dernière dispute.

I feel like he has it in for me since our last argument.

Tomber bien bas : "to fall very low" or "to hit rock bottom"
Après une série de mauvaises décisions, il a fini par tomber bien bas, perdant tout ce qu'il avait construit.

After a series of bad decisions, he ended up hitting rock bottom, losing everything he had built.

Veiller les uns sur les autres : "to watch over one another" or "to look out for one another"
Nous devons veiller les uns sur les autres dans ces temps difficiles.

We must watch over one another in these difficult times.

Se serrer les coudes : It is an idiomatic phrase that conveys the idea of solidarity, unity, and mutual support among a group of people, especially in times of difficulty or adversity.
Nous devons nous serrer les coudes pour surmonter cette épreuve difficile.

We must stand shoulder to shoulder to overcome this difficult trial.

Refaire surface : to "resurface" . It is a figurative expression used to describe the act of reemerging or coming back to the surface after a period of absence, withdrawal or inactivity.
Après des années de silence, les souvenirs douloureux ont finalement refait surface dans son esprit.

After years of silence, the painful memories finally resurfaced in his mind.

Sur-le-champ : "on the spot" or "immediately"
J'ai résolu le problème sur-le-champ.

I solved the problem on the spot.

Se défaire de : "to get rid of" or "to dispose of"
Je dois me défaire de mes vieilles habitudes pour avancer dans ma vie.

I must get rid of my old habits in order to move forward in my life.

Mettre en relation : "to connect" or "to link"
Je vais mettre en relation les deux équipes afin qu'elles puissent travailler ensemble sur ce projet.

I will connect the two teams so that they can work together on this project.

En lambeaux : "in tatters" or "in shreds"
La robe qu'elle portait était en lambeaux après l'accident.

The dress she was wearing was in tatters after the accident.

Se débarrasser de : to get rid of
Je dois me débarrasser de toutes ces vieilles affaires inutiles dans mon grenier.

I need to get rid of all these old useless items in my attic.

Faire appel à : "to appeal to" or "to call upon" or "to seek help from"
Je vais faire appel à un plombier pour réparer la fuite d'eau.

I am going to call a plumber to fix the water leak.

À l'accoutumée : "as usual" or "in the usual manner"
Nous avons dîné à l'accoutumée dans notre restaurant préféré le samedi soir.

We had dinner as usual at our favorite restaurant on Saturday evening.

Mode d'emploi : "user manual" or "instruction manual"
Pensez à consulter le mode d'emploi avant d'utiliser l'appareil.

Remember to consult the user manual before using the device.

Se prémunir de : to protect oneself from" or "to guard against"
N'oublie pas de te prémunir du soleil en portant une casquette.

Don't forget to protect yourself from the sun by wearing a hat.

Croquer la vie à pleines dents : to live life to the fullest
Elle a décidé de croquer la vie à pleines dents en voyageant autour du monde et en essayant de nouvelles expériences.

She decided to live life to the fullest by traveling around the world and trying new experiences.

C'est du gâteau! : It's easy!
(It is an idiomatic phrase used to convey that something is very easy or simple to do)

J'ai terminé mon travail bien en avance. C'était du gâteau !

I finished my work very early. It was so easy.

Être aux commandes : "being in control" or "being in charge".
Bien qu'il ait peu d'expérience, Pierre est aux commandes du projet et guide son équipe avec assurance et détermination.

Although he has little experience, Pierre is in charge of the project and leads his team with confidence and determination.

Se lier d'amitié : "to form a friendship" or "to make friends"
J'ai eu la chance de me lier d'amitié avec des personnes merveilleuses lors de mon voyage en France.

I was fortunate enough to make friends with wonderful people during my trip to France.

Écart de conduite : "deviation from proper behavior" or "misconduct"
Son écart de conduite a entraîné des conséquences graves pour sa carrière professionnelle.

His misconduct led to serious consequences for his professional career.

En provenance de : "coming from" or "originating from"
Bientôt, nous recevrons un invité en provenance des États-Unis.

Soon, we will be receiving a guest coming from the United States.

Aux dépens de : at the expense of
Il a réussi à obtenir la promotion, mais c'était aux dépens de la reconnaissance et du travail acharné de ses collègues.

He managed to get the promotion, but it was at the expense of the recognition and hard work of his colleagues.

S'emmêler les pinceaux : "to get one's wires crossed" or "to mix things up"
J'ai tellement de tâches à accomplir aujourd'hui que je sens que je vais m'emmêler les pinceaux.

I have so many tasks to complete today that I feel like I'm going to get my wires crossed.

Ça ne court pas les rues : "It's not something you see every day" or "It's not common"
Trouver un bon restaurant avec un excellent service et des prix abordables, ça ne court pas les rues.

Finding a good restaurant with excellent service and affordable prices, it's not something you see every day.

Prendre soin de : to take care of
Je vais prendre soin de ma santé en faisant de l'exercice régulièrement.

I will take care of my health by exercising regularly.

À première vue : "at first sight" or "at first glance"
À première vue, le tableau est captivant avec ses couleurs vives et son style expressif.

At first sight, the painting is captivating with its vibrant colors and expressive style.

Se jouer de quelqu'un : "to play someone" or "to deceive someone."
Il s'est joué de moi en prétendant être mon ami alors qu'il ne cherchait qu'à obtenir mes secrets.

He played me by pretending to be my friend when all he wanted was to obtain my secrets.

Prendre en main : "to take charge of."
Je vais prendre en main ce projet et m'assurer de sa réussite.

I will take charge of this project and ensure its success.

C'est la galère : "It's a struggle" or "It's a hassle"
C'est la galère de trouver un parking en centre-ville pendant les heures de pointe.

It's a struggle to find parking in the city center during rush hour.

Garder son sang-froid : "keeping one's cool"
Malgré les circonstances stressantes, il a réussi à garder son sang-froid et prendre des décisions rationnelles.

Despite the stressful circumstances, he managed to keep his cool and make rational decisions.

Printed in Great Britain
by Amazon

28261060R00031